Lb 48
1723

AF226748

CONSIDÉRATIONS

SUR LA POLICE.

DE L'IMPRIMERIE DE DENUGON.

CONSIDÉRATIONS

SUR LA POLICE;

OBSERVATIONS

TOUCHANT LES BRUITS QU'ELLE RÉPAND.

PRÉCÉDÉES D'UNE LETTRE

A M. LE BARON MOUNIER,

Directeur-Général de la Police du Royaume.

R M. LE GÉNÉRAL BERTON,

MARÉCHAL DE CAMP.

> Si, comme le dit Lucrèce, *lorsque les vents bouleversent les mers, il est doux de contempler du rivage le péril des malheureux battus par la tempête;* le courtisan sorti d'une humble demeure pour habiter des palais somptueux, s'il sent encore palpiter son cœur, ne voudrait pas être l'agent du destin qui se joue aussi impitoyablement de la vie des faibles mortels.

BIBLIOTHÈQUE

PARIS,

Au Palais-Royal, chez les Marchands de Nouveautés.

1820.

A MONSIEUR

LE BARON MOUNIER,

DIRECTEUR GÉNÉRAL DE LA POLICE

DU ROYAUME DE FRANCE.

———

Monsieur le baron,

Ce n'est point le mandat d'amener que vous avez fait lancer contre moi le 5 juin dernier, pour être mis à exécution le 6, à la pointe du jour, qui m'a déterminé à faire imprimer quelques observations sur la police que vous dirigez si bien. Les mouchards (1) qui ont accompagné le commissaire de police Malleval, pour me prendre, selon vos désirs, ont dû rendre

---

(1) Ces messieurs se nomment entre eux agens, inspecteurs, officiers de paix; mais en se servant du nom de *mouchard* pour désigner en général les hommes de la police, ce n'est pas leur dire une injure, puisque ce mot est consacré par le Dictionnaire de l'Académie, qui ajoute de plus : *la police a des mouchards parmi les filoux.* On sait bien qu'il y a différentes fonctions dans la police : toutes tendent au même but. D'ailleurs, aucun signe extérieur ne distinguant les grades, on peut se tromper. Tout est occulte dans cette partie.

1

compte à vos adhérens, qu'ils avaient trouvé sur ma table le commencement de cet opuscule manuscrit : j'en avais déjà ébauché le troisième chapitre. La retraite forcée que je viens de m'imposer, par la vertu de vos pouvoirs, m'a donné le temps de recommencer ce petit ouvrage.

Votre âme grande et généreuse doit être maintenant satisfaite, M. le Baron; car j'aime à croire que, malgré la cruelle nécessité dans laquelle vous vous trouvez placé par vos hautes fonctions, de sévir sur des préventions souvent données par la malveillance (si elles ne sont point un calcul), vous n'aimez pas à trouver des coupables, et la procédure instruite contre moi, sous les numéros trente-quatre mille huit cent soixante-quatre du greffe, et vingt mille cinquante-sept du parquet, vous a fait connaître que la troisième Chambre du tribunal de première instance du département de la Seine, a déclaré *n'y avoir lieu à suivre, attendu que mes papiers n'avaient pas fourni de renseignemens sur le fait qui m'etait imputé : d'avoir pris part aux attroupemens séditieux qui ont eu lieu depuis peu.* A la vérité, ce jugement est fort singulier; mais la police l'a voulu, et le tribunal a dû le rendre. Il me semble que c'est dans ma conduite, et non dans mes papi rs qu'on aurait dû chercher de semblables preuves ; il est vrai que cela aurait été dif-ficile.

Si vos grandes et trop nombreuses occupations pouvaient vous permettre, M. le Baron, de lire le procès-verbal de saisie et transport de mes effets et papiers dressés par vos gens, j'ose croire qu'un homme d'esprit et délicat, comme vous avez la réputation de l'être, serait honteux du ridicule de cette œuvre de déception et d'iniquité fait sous l'égide et le bon plaisir de son autorité ; vous apprendriez d'abord qu'à l'heure où les rues sont presque désertes, parce que l'on dort encore à Paris, un mouchard, surnommé inspecteur de police, venait sonner *seul* à ma porte ; tandis que ses chefs et compagnons, au nombre de quatre, *se tenaient à l'écart et hors de vue, mais à portée d'entendre* (dit le procès-verbal) ; quel métier ! celui-là m'annonçait à moi-même, qui l'ai interrogé par une fenêtre, qu'il m'apportait une lettre *très-pressée* (1) ; vous connaîtriez l'im-

---

(1) *Très-pressée* n'est pas dit dans le procès-verbal, mais l'homme l'a dit ; cela n'était pas très-adroit, et j'ai cru m'apercevoir par son mouvement d'yeux à gauche, qu'il fut désapprouvé par quelque signe ; cependant, lorsque je r'ouvris la persienne pour demander de la part de qui venait la lettre, un autre camarade s'était déjà glissé jusqu'à ma porte. Trop de pétulance gâte tout.

patience et la peur de ces champions de l'arbitraire, collés à la file l'un de l'autre le long du mur; il pleuvait légèrement et ils se mouillaient. *Ils ont itérativement fait sonner, mais inutilement*, disent-ils encore; alors la gendarmerie du poste de la rue Cadet fut appelée à leur aide; puis le sieur Christophe Druart, serrurier, rue Rochechouart, n° 26, mis en réquisition, et à qui on donna l'ordre de crocheter et ensuite d'enfoncer ma porte (1). Voilà les aveux naïfs et caractéristiques de ces agens d'une scandaleuse persécution; viennent ensuite les détails de leur perquisition.

Vu, dit le procès-verbal, *la quantité de papiers et la difficulté de les examiner* (2).

---

(1) On ne peut pas davantage forcer un serrurier à venir enfoncer la porte d'un citoyen, sans sa permission, qu'on ne peut mettre un boucher en réquisition pour venir l'assommer; le serrurier et le boucher ont le droit de refuser leur assistance aux hommes de la police, et aucun Code de nation civilisée ne prononce de peine contre cette désobéissance, qui n'est que l'exercice du droit de citoyen.

(2) Personne ne s'opposait à l'examen de mes papiers, si ce n'est la crainte qu'inspire toujours une mauvaise action, même dans l'âme des méchans; les mouchards étaient munis de chacun une paire de pistolets dont ils faisaient parade dans ma maison; lorsqu'ils eurent bien constaté mon absence et qu'ils furent les maîtres du logis, ils renvoyèrent les gendarmes à l'exception d'un, pour faire sentinelle. (pauvre gendarme!) Mais ils se sont repentis de cette résolution précipi-

nous les avons mis en bloc dans une caisse de bois blanc fermant à clef. Le cachet du commissaire de police fut apposé d'un côté d'une bande de papier qui recouvrait la serrure, et le mien de l'autre : notez bien cela, M. le Baron, *et sur la demande de M. Rivoire*, continue le procès-verbal, *nous avons aussi saisi les fusils, pistolets et armes blanches.....*

J'ai passé sous silence la manière de m'évader, qui est aussi faussement décrite que les moyens pris par vos agens ont été maladroits pour s'emparer de ma personne, qui ne se serait pas laissé conduire par ces gens là. Ils ont trouvé à saisir *un paquet de poudre de chasse, d'environ six onces, un autre paquet contenant treize cartouches de chevrotines, calibre de fusil de chasse* (1) ;

---

tée, parce que quelques voisins par intérêt ou par curiosité s'étaient rassemblés devant ma porte ; c'est ce qui ne leur a sans doute pas donné le temps d'examiner mes papiers, et c'étaient probablement les héros de la bande qu'on avait choisis pour cette expédition.

(1) Si les gendarmes ne s'étaient pas montrés dans la rue en face de ma maison, au lieu de se cacher comme les autres le long du mur, les mouchards qui auraient pu entrer chez moi n'auraient plus trouvé que onze de ces cartouches, parce qu'on n'enfonce pas une porte pour remettre une lettre, si pressée qu'elle puisse être.

deux pierres à fusil, un moule à balles pour fusil de chasse (il est pour de très-petits pistolets de poche). Ils ont saisi en outre une petite boîte de carton qui avait servi à mettre des pains à cacheter ; elle renfermait quelques balles de pistolets, et ils ont oublié d'en parler, mais il en est fait mention dans le procès-verbal d'ouverture de la caisse faite au tribunal.

C'est ce dernier procès-verbal, M. le Baron, qui vous ferait peine à parcourir, par l'intérêt que vous devez naturellement porter à ceux qui exécutent vos ordres, et en qui vous avez mis votre confiance. Il est du 24 juin après midi : il s'est donc passé dix-huit jours et demi depuis le moment de la saisie de mes papiers, qui ont été mis en bloc dans une caisse fermant à clef, et sous scellés, jusqu'à l'instant de la levée des scellés devant M. le Juge d'instruction, Aimé Lefebvre ; ici, M. le Baron, en présence et d'après les observations de Pierre Masselin, mon domestique, et très-honnête homme, la justice constate un forfait de la police. Les deux cachets sont restés intacts, mais *la bande de papier* qui les sé-pare, et couvre le trou de la serrure, *est*, dit le procès-verbal, *déchirée dans toute sa lon-gueur, en sorte que dans l'état où sont les choses, on peut facilement faire entrer la*

*clef dans la serrure de la malle et l'ouvrir;
et en effet, le sieur Masselin a mis la clef
dans la serrure, et a ouvert la malle sans
altérer les cachets, et sans altérer la bande
de papier plus qu'elle ne l'était lorsque la
malle lui a été représentée; ladite malle
a été ouverte par ledit sieur Masselin* (1).
J'ai copié ce passage du procès-verbal que j'ai
sous les yeux.

J'examine maintenant, M. le Baron, le mandat d'amener que vous avez, DE PAR LE ROI, fait lancer contre moi, en vertu de l'article 10 du Code d'instruction criminelle : le même Code me fournira sans doute aussi un article pour poursuivre la forfaiture de la police.

Messieurs les Juges ont extrait de la malle, d'une manière légale, un portefeuille en maroquin vert, et en papiers, douze cent et une pièces qu'ils ont mises en neuf liasses bien ca-

---

(1) Il est à observer que les deux cachets posés sur les deux extrémités de la bande de papier étaient fort éloignés l'un de l'autre et du trou de la serrure, chose faite à dessein, je n'en puis plus douter, afin de pouvoir ouvrir clandestinement la caisse : on a laissé entre les deux cachets un espace de six pouces huit lignes, tandis qu'on pouvait les rapprocher à deux pouces six lignes ; la bande de papier avait donc en longueur quatre pouces deux lignes de trop, et malgré toutes les mesures adroitement prises, la violation n'a pu se faire sans déchirer le papier. D'ailleurs, pourquoi tant se gêner, quand tout est permis et rien n'est sacré ?

chetées, et sans intention de me nuire (1) ; plus, *une petite boite bleue contenant des balles de plomb ; un petit sac de papier contenant de la poudre de chasse* (à peu près six onces), et *plusieurs imprimés d'une lettre du maréchal-de-camp Berton au rédacteur du* Constitutionnel, *ladite lettre sous la date du 17 février 1817*. (L'insertion de cette lettre avait été autorisée par la censure.) (2)

C'est après avoir pris la peine de lire toutes ces pièces que MM. les Juges composant la troisième chambre du Tribunal de première instance du département de la Seine, sur les conclusions du Substitut de M. le Procureur du Roi, et ouï le rapport de M. Lefebvre, l'un des Juges d'instruction près ce Tribunal, ont dit n'y avoir lieu à suivre contre moi, attendu qu'elles n'avaient pas fourni de renseignemens

---

(1) On trouve dans les papiers saisis : cartes de visite, chansons imprimées ou non, mémoires de tailleur, de chapelier, de cordonnier ; brevets, états de service, passeports et ports-d'armes payés à la police, baux, contrats de vente ou d'achat, notes et mémoires de colléges ; calepins, journaux, enveloppes de lettres ; jusqu'au plus petit chiffon de papier, tout avait tombé sous les serres des vautours de la police.

(2) D'après ma requête présentée à M. le Procureur-général, on m'a accordé la faveur de lever les pièces de mon procès, qui a eu lieu sans moi, et dont je n'ai qu'à me louer.

sur le fait qui m'était imputé, *d'avoir pris part aux attroupemens qui avaient eu lieu depuis peu,* et ont ordonné que les effets et papiers saisis chez moi me seraient rendus. Ainsi, des armes que la police avait touchées m'ont été rendues purifiées par les mains de la Justice.

Je vous supplie, M. le Baron, de me permettre de vous faire quelques remarques. Je vous dirai d'abord que quand il a été question d'enlever mes armes, M. le Commissaire de police Malleval, choisi pour présider à mon arrestation, de préférence à celui qui demeure près de chez moi, rue des Martyrs, parce que celui-ci n'a peut-être pas eu de motifs de faire de mauvais rapports sur mon compte; M. Malleval, dis-je, a pourtant observé que c'était un acte fort arbitraire d'enlever les armes d'un général. Le sieur Rivoire, qualifié d'officier de paix, quoiqu'il ait joué le rôle d'officier de trouble dans ma maison, par l'insolence et la brutalité qui le caractérisent, si elles n'étaient pas l'effet de son dépit, a répondu fièrement qu'il en avait l'ordre. Cet ordre n'était point écrit dans son mandat d'amener, dont j'ai copie signée *Malleval.*

Parmi nous autres militaires, M. le Baron, l'honneur nous ordonne de ne jamais commander à nos inférieurs ce que nous n'aurions pas le courage ou la témérité d'entreprendre nous-mêmes; et je ne présume pas que vous eussiez voulu vous permettre de faire en personne ce que vous avez fait exécuter par vos agens subalternes, de venir porter leurs mains impures sur l'épée d'un général qui l'a tirée pendant vingt ans contre les ennemis de son pays. Il est très-possible que vous ayez mieux servi la patrie que moi en vous occupant des hautes fonctions du Gouvernement : vous avez de la fortune, je n'en ai pas; vous êtes Baron, je n'ai pas l'honneur de l'être; vous êtes commandant de la Légion-d'Honneur, moi je ne suis que légionnaire (1). Je ne ferai pas le parallèle de nos blessures; les vôtres peuvent être moralement difficiles à guérir, et je ne me suis jamais exposé à en recevoir de cette nature: Tous vos avantages réunis à vos illustres fonctions du jour sont-ils des droits légitimes, Monsieur le Baron, pour faire enlever l'épée d'un général? Il y a tant de moyens de persécution, sans en avoir employé un semblable, celui auquel j'ai été le plus sensible; et je déclare à

---

(1) Le baron Mounier, commandant de la Légion-d'Honneur, pair de France, conseiller-d'état, intendant des bâtimens de la Cour, électeur, rue Caumartin, n° 30 (Almanach des 25,000 adresses, 1820). Celui de 1819 disait : intendant des bâtimens, parcs, et jardins de la couronne; mais non encore pair de France.

la face de votre toute-puissance que je ne l'oublierai de ma vie. Il est loin de ma pensée de vouloir me permettre d'aller interrompre le cours des nobles et glorieux travaux qui vous font veiller sans cesse pour le repos de la France que je n'ai pas voulu troubler ; mais lorsque vous aurez cessé vos éminentes fonctions, en quittant le titre d'*Excellence*, que vous ne garderez probablement pas jusqu'à ma mort ; quand enfin vous serez rendu à la classe modeste des Citoyens ou des Barons, alors je prendrai la liberté de vous demander audience, afin de vous prier de me faire connaître la cause qui a pu déterminer M. le Directeur-général de la Police à déployer contre moi cette extrême sévérité, jusqu'à faire donner mandat au prétendu officier de paix Rivoire, de venir violer l'asile du citoyen pour y insulter le caractère de l'officier-général.

Vous pourriez me faire observer, M. le Baron, que, certain de mon innocence, je n'aurais pas dû me soustraire à l'action de vos agens, que ma présence aurait rendus plus honnêtes ! J'en doute ; et je répondrai que n'ayant pas donné de motifs pour me faire arrêter, j'ai craint les préventions, parce qu'il est toujours pénible à l'autorité d'avouer ses erreurs ; je vous croyais d'ailleurs occupé de trop grandes affaires pour vous permettre de me rendre une prompte justice. J'ai appris, en outre, à ne pas aimer la prison; et vous ignorez peut-être qu'en 1815 j'ai été arrêté avec beaucoup plus de décence qu'on n'a voulu en mettre en 1820 : un capitaine de gendarmerie a été chargé alors de cette fonction; un lieutenant-colonel d'état-major est venu visiter mes papiers en ma présence; on ne m'avait point enlevé mon épée : il est vrai que je n'en ai pas moins resté cinq mois à l'Abbaye, afin de donner le temps de se bien convaincre de mon innocence, qui fut enfin proclamée.

En attendant que j'aie l'honneur de vous voir, n'ayant pas celui de vous connaître, je vous prie, M. le Directeur-général, de recevoir avec bonté l'hommage de ma haute considération.

Le général BERTON.

CONSIDÉRATIONS

SUR LES CAUSES DE LA GRANDEUR,

ET DE LA DÉCADENCE DE LA POLICE.

CHAPITRE Ier.

Ce qu'est la Police en comparaison de ce qu'elle devrait être.

« O Dieu de miséricorde! si quelque homme
» peut ressembler à cet être malfaisant qu'on
» nous peint occupé sans cesse à détruire tes
» ouvrages, n'est-ce pas le persécuteur? (1) »

Quelle est maladroite la politique qui protège ou laisse agir la persécution; mais « il s'a-
» git d'avoir dans votre pays le plus de pouvoir,
» le plus d'honneurs et le plus de plaisirs que
» vous pourrez. Pour y parvenir il faut beau-
» coup d'argent. (2) »

Cela n'est pas facile dans un gouvernement

---

(1) *Voltaire*, Dictionnaire philosophique.
(2) *Idem.*

représentatif où tout se discute à la tribune nationale; chaque citoyen peut y voir clair.

« Dans une aristocratie on peut plus aisé-
» ment se procurer honneurs, plaisirs, pouvoir
» et argent; mais il faut une grande discrétion.
» Si on abuse trop, les révolutions sont à crain-
» dre. (1) »

Pénétré de ces vérités, un parti puissant en France voulait rétablir l'aristocratie et gouver-ner chaque département avec sept des siens (2); trop pressé de jouir, il a abusé de son auto-rité, il a trop tôt divulgué son secret.

Il voulait cette aristocratie en vertu de la-quelle « les nobles, *ou privilégiés*, appellent à
» eux les subsides, sous prétexte de rétribu-
» tions ou d'appointemens pour les emplois
» qu'ils exercent; enfin, quand ils rendent le
» peuple tributaire, et se partagent les impôts
» qu'ils lèvent sur lui... Une aristocratie, en cas
» pareil, est le plus dur de tous les gouverne-
» mens. (3) »

« Reste la monarchie, *continue Voltaire*,
» c'est là que tous les hommes sont faits pour
» un seul.... Tant que cet homme a de l'argent,

---

(1) *Voltaire*, Dictionnaire philosophique.
(2) Système du vicomte de Châteaubriant.
(3) *Montesquieu*, Esprit des Lois, liv. v, chap. viii.

» non-seulement il jouit, mais ses parens, ses
» principaux serviteurs jouissent aussi; et une
» foule de mercenaires travaillent toute l'année
» pour eux, dans la vaine espérance de goûter
» un jour dans leurs chaumières le repos que
» leur Sultan et leurs bachas semblent goûter
» dans leurs sérails. »

Dans la monarchie : « le pouvoir intermé-
» diaire subordonné le plus naturel, *dit Mon-*
» *tesquieu*, est celui de la noblesse. Elle entre
» en quelque façon dans l'essence de la monar-
» chie, dont la maxime fondamentale est, *point*
» *de monarque, point de noblesse ; point de*
» *noblesse, point de monarque ;* mais on a un
» despote. »

« Dans les monarchies, la politique fait faire
» les grandes choses avec le moins de vertu
» qu'elle peut..... La nature de l'honneur y est
» de demander des préférences et des distinc-
» tions; il est donc, par la chose même, placé
» dans le Gouvernement.... Il est vrai que, phi-
» losophiquement parlant, c'est un honneur
» faux qui conduit toutes les parties de l'État;
» mais cet honneur faux est aussi inutile au pu-
» blic, que le vrai le serait aux particuliers qui
» pourraient l'avoir. (1) »

---

(1) Esprit des Lois, liv. II, ch. IV; liv. III, ch. V et VII.

Voltaire et Montesquieu seraient traduits au tribunal correctionnel, s'ils eussent écrit en 1820 ce que je viens de citer, depuis surtout qu'on a changé la loi sur la liberté de la presse.

On trouve dans les pensées de ces deux grands écrivains les motifs pour lesquels un parti, qui s'est dit le plus nombreux, le plus fort et le plus instruit, s'est présenté sous le titre d'hommes monarchiques, et prétend gouverner avec sept hommes par département, pourvu qu'ils soient bien d'accord avec le ministère, qu'ils aient à leur disposition force et pouvoir pour faire rentrer exactement les contributions et imposer silence aux contribuables; ils auraient sans doute encore besoin d'une certaine indépendance afin de pouvoir bien gouverner dans leur sagesse, selon les circonstances locales.

La police a été dirigée et réorganisée dans l'intérêt et selon les vues de ce parti, parce que l'ayant considéré comme une puissance, elle a passé à son service. Rien de plus naturel alors qu'un peuple éclairé qui a le désir d'être libre puisse se trouver entièrement en opposition continuelle avec cette police; cette branche de l'administration publique avait été imaginée pour procurer à tous les habitans d'un pays, d'une grande capitale, une vie commode et tranquille, pour veiller à la sûreté de l'État et

à celle des individus, malgré les efforts de l'erreur, les inquiétudes de l'amour - propre et
des passions ; et lorsque, sous un gouvernement représentatif, elle prend une marche
asiatique, en secondant les efforts de l'erreur,
en multipliant les inquiétudes de l'amour-
propre et des passions, elle est instituée en
sens inverse de l'organisation sociale ; elle devient un fléau au lieu d'être un bienfait ; elle
est insupportable pour tous, à l'exception du
petit nombre qu'elle favorise. Cette direction
venant d'en-haut, les agens subalternes sont
obligés de suivre la fausse route tracée par leur
grand visir ; et ces misérables, déjà si avilis,
remplissent tant bien que mal leurs odieuses
fonctions, selon le caractère de chacun ; mais,
en général, une telle police est mal faite, et
elle a le fatal inconvénient de mécontenter tout
le monde, jusqu'à ceux mêmes qu'elle sert,
parce qu'il lui est impossible de les bien servir. Les grands et petits mouchards qu'elle
emploie n'ont pas souvent la liberté d'agir selon la nature des choses ; on leur pose des faits
préparés par de savans calculs, que la plupart
n'entendent pas, et ils ressemblent aux aveugles qui marchent en tâtonnant ; ils trébuchent
au premier corps étranger qui se rencontre
sous leur passage, et il leur fait perdre le chemin qu'ils devaient suivre.

BIBLIOTHÈQUE ROYALE

2

Il y a néanmoins une remarque importante à faire ; c'est que depuis que la police s'est éloignée de sa première institution, les chefs ont trouvé le chemin des grandeurs humaines. Quelle est donc la divinité infernale qui protège cette police ? L'esprit d'intrigue et de mensonge est tellement méprisable, qu'il est l'esprit de tous ceux qui voudront l'avoir, et de ceux qui n'en ont pas d'autre ; mais ce qui prouve le génie des hommes qui le possèdent, c'est le savoir-faire qui en tire parti ; et la police, douée par sa nature de cet esprit d'intrigue et de manège, aussi féconde dans ses projets que fertile en stratagêmes pour découvrir tous les secrets, a trouvé le plus grand de tous, celui d'acquérir, en très-peu de temps, noblesse, puissance et fortune (1). De même que Prométhée dérobant le feu du ciel, la police attire à elle les rayons de la faveur du trône : le demi-dieu de la fable fit servir le feu à animer l'homme, celui de la police fait usage de la faveur pour le persécuter.

Les principes de la police ont été subvertis ;

---

(1) On pourrait citer plusieurs hommes vivans, en commençant par Fouché, fait duc d'Otrante. La police semble être la pépinière des ministères ; l'hôtel du garde-des-sceaux, ceux des affaires étrangères, de l'intérieur, de la marine ont été habités par ses élèves, voire même la présidence des ministres ; elle peut s'appeler le ministère universel.

elle les a séparés de ceux de la morale et de la justice, et ils ne tendent plus à résister à l'influence des passions. Ses mesures publiques sont prises avec dessein de favoriser un parti qu'elle aurait dû réprimer. Cette police ne sait que préparer des vengeances, exciter des haines au lieu de pacifier; elle tend à briser les résistances de l'opinion pour rétablir la domination des priviléges et anéantir la puissance tutélaire des lois bien loin de les protéger; elle est le glaive de la justice au lieu d'en être le flambeau: son objet serait de seconder son action au lieu d'être elle-même cette action. Loin de garantir la liberté des citoyens, elle y porte atteinte; elle empoisonne les sources des jouissances sociales plutôt que de veiller à la sûreté des gens honnêtes; elle aime mieux avoir à se venger que n'avoir pas reçu la première une offense: dresser des piéges contre la bonne foi, tendre des embûches à la crédulité, en calculant tous les moyens de pouvoir provoquer des crimes, pour avoir l'horrible satisfaction de les faire punir et de créer des coupables, sont de ces tours d'adresse qui font une haute réputation à ses suppôts. Dans la crainte d'être surpassée en finesse et en perfidie, la police enveloppe tout le monde dans ses soupçons, reçoit toutes les dénonciations sans examiner la personne des dénonciateurs, et, sur la délation d'hommes méprisables, elle fait arrêter et mettre aux fers de bons citoyens : elle croit qu'il vaut mieux scruter une affaire et en découvrir la vérité, que de laisser échapper, à cause de la bassesse du délateur, un citoyen qui semble honnête homme, mais qui est accusé. Ainsi que cela se pratiquait à Rome dans des temps de massacres et de proscriptions, elle épie sur le visage la joie ou la tristesse, et ces démonstrations incertaines, rattachées à des événemens auxquels elles sont étrangères, lui suffisent pour dresser ses tables de suspects (1). Mais être suspect aux yeux de la police n'est pas un titre de moins pour mériter la confiance des hommes honnêtes.

Des courtisans avides d'honneurs, de puissance, de richesses, osent même aspirer à une fausse gloire, qui n'a de réalité qu'aux yeux des sots : au défaut de bons moyens, ils se traînent vers tous ces avantages, par la ruse, par

---

(1) Puisque la police a besoin du vice et du mensonge pour se conduire, « Il faut, dit Montaigne, laisser jouer cette par- » tie aux citoyens plus vigoureux et moins craintifs, qui sa- » crifient leur honneur et leur conscience comme ces autres » anciens sacrifièrent leur vie pour le salut de leur pays, nous » autres, plus faibles, prenons des rôles et plus aisés et moins » hasardeux. Le bien public requiert qu'on trahisse, et qu'on » mente, et qu'on massacre : résignons cette commission à » gens plus obéissans et plus souples. » Si Montaigne eût vécu de nos jours, il en dirait bien davantage.

l'intrigue, par une basse servilité. Celui qui contrarie les vues de ces prétendus grands est, selon les doctrines de la police, accusé de malveillance, d'attentat à la majesté du trône; et c'est en faveur de ces êtres vains et orgueilleux, sans courage et sans vertus, mais pleins d'arrogance, qu'elle exerce une grande sévérité; elle est bien plus disposée à favoriser les vices de ces hommes inutiles, qu'à servir les intérêts publics. La police trafique de tout; les agens qu'elle emploie se font une étude d'être faux comme les *seigneurs* qui les dirigent; *d'avoir,* ainsi que le dit Salluste, *une chose dans le cœur et une autre sur les lèvres; de n'aimer ou de ne haïr que d'après leur intérêt,* et *de n'offrir de la probité que l'apparence.* La police tend à miner cette probité, ainsi que la bonne foi, par les appâts continuels du crime qu'elle place sous tous les yeux. *Occupe-toi du soin de prévenir les crimes pour diminuer le soin de les punir,* a dit Confucius. La police a un tout autre esprit : être le premier à nuire à ceux atteints par ses soupçons, c'est pour un de ses agens mériter des éloges; aussi prennent-ils à tâche de multiplier le nombre des suspects, parce qu'on leur paie à tant par tête quand il s'agit de les faire arrêter, souvent par tour de rôle. Plus un homme a été l'objet d'une injuste persécution, plus la police s'attache à lui pour le tourmenter de nouveau. Son ministère a beau changer de mains, il hérite du dernier la haine des hommes abandonnés par la faveur; il semble qu'on ne peut parvenir aux hautes fonctions de police qu'après avoir fait preuve de la plus insigne lâcheté, je dirais presque trahison.

Un grand seigneur, expert dans ce métier, où il a acquis le titre de *duc d'Otrante*, a bien analysé les erremens de cette police d'attaque que l'on pratique encore mieux à présent, «qui, sans cesse agitée par le soupçon, »sans cesse inquiète et turbulente, menace »sans garantir, et tourmente sans protéger; au »lieu d'une police libérale et positive, de cette »police d'observation, qui, calme dans sa »marche, mesurée dans ses recherches, active »dans ses poursuites, partout présente et tou-»jours protectrice, veille pour le bonheur du »peuple, pour les travaux de l'industrie, pour »le repos de tous. »

Les malheureux réduits à vivre d'amertume dans cette police d'attaque, employés à exercer, pour obtenir un abject salaire, une tyrannie subalterne, la plus insupportable de toutes (1), sans être des gens pieux, devien-

---

(1) Le *Journal de Paris* a bien saisi cet esprit de tyrannie subalterne, mais il me semble qu'il le pousse à l'excès ; tout

nent, malgré cela et sans doute malgré eux, les instrumens de la superstition ; ils soutiennent l'Église, et n'ont pas la liberté de veiller à la contenir ; ils sont moins tenus à respecter l'humanité que la religion ; et le laboureur qui les fait vivre n'est pas autant protégé que le prêtre qui ne produit rien, ni même que le missionnaire qui prêche le scandale et porte la désunion dans les familles. A la vérité, nous ne sommes pas encore revenus à cet heureux temps où Voltaire disait : « La France nourrit » près de quatre-vingt mille moines, dont au— » cun n'a fait servir ses mains à produire un épi » de froment...; des moines qui jurent à Dieu » d'être inutiles aux hommes...; qui inventè— » rent l'art d'attraper de l'argent des vivans en » priant Dieu pour les morts. »

Si nous en revenions jamais là, que de grâces à rendre à la puissante protection de la police ! et son génie aurait au moins une part intentionnelle dans le *Domine salvum fac*...

---

soumis qu'il est à la police ou à la censure, ce qui est la même chose, il pourrait cependant, à moins d'agir par ordre, montrer un peu plus de dignité, et surtout ne point persiffler les morts, ses confrères les journaux. C'est, je crois, la plus basse persécution ; c'est vouloir se comparer à l'âne de la fable.

CHAPITRE II.

Bruits de police et de ses adhérens.

Parmi l'immensité de ressorts qui nous font agir ici-bas par cet enchaînement admirable des causes et des effets qui confond notre faible intelligence, deux grands moteurs, placés sous l'influence des sens et de la raison, semblent se partager la conduite des hommes : l'intérêt moral qui procure la satisfaction, le bonheur physique qui donne des jouissances de même nature; lorsque l'âme ne s'est point laissé corrompre, le premier intérêt tend à ennoblir toutes nos actions; l'autre ne regarde que le corps dont il cherche à satisfaire toutes les sensualités, et conduit à dégrader la plus belle portion de l'existence humaine pour acquérir des biens donnés par l'injustice et acceptés par la bassesse. Les hommes, esclaves des plaisirs et dominés par l'intérêt physique, si leur raison n'est point anéantie, conservent encore une sorte d'intérêt moral qui les porte à solliciter des titres, à obtenir des hochets offerts sans discernement et reçus sans mérite; il ne reste plus à ces êtres immoraux que l'indigne ressource de propager l'erreur et le mensonge, afin de chercher à se donner de l'importance autant que possible et aux dépens des autres, pour justifier la honte ou l'infamie de leur conduite et de leur situation.

Dans un petit ouvrage que j'ai publié au mois de décembre dernier (1), j'ai sacrifié une page et demie pour tracer un tableau raccourci de la police telle qu'elle s'exerce aujourd'hui; elle était alors censée réduite en simple préfecture; mais à présent qu'elle est rétablie en ministère, sous la direction d'un baron, ex-secrétaire du cabinet des Tuileries, sous l'empire, à qui l'on peut donner justement le titre de général en chef de la police, puisqu'il y a des lieutenans-généraux de police, et que son armée a vu compléter ses cadres, afin de la mettre en harmonie avec la dignité du haut commandement auquel elle est soumise, les Agas et les Janissaires des nombreuses légions de cette armée active disent en confidence, dans tous les coins et carrefours de la capitale, que des hommes honnêtes, des officiers de l'ancienne armée n'ont pas dédaigné de faire partie de leurs bandes destinées à parcourir

---

(1) *Commentaire sur l'ouvrage de M. le lieutenant-général J.J. Tarayre*, etc. — Paris, chez Ponthieu, libraire, Palais-Royal, galerie de bois; n° 201; Magimel, Anselin et Péchard, libraires, rue Dauphine, n° 9.

les enceintes des madragues de la police, tandis que ses apôtres jettent les filets. (1)

Le grand visir, placé à la tête de cette troupe
peu considérée, fût-il décoré d'un grand nom,
s'il n'est soutenu par des souvenirs honorables, honteux de n'être en effet que le chef de
la lie du genre-humain, malgré qu'un grand
nombre de reptiles d'antichambre, qu'on appelle en terme honnête courtisans, ne cessent
de lui prodiguer le titre d'excellence, il met
toute sa politique à rehausser ses fonctions;
c'est ce qui le porte sans doute à faire croire
que des hommes d'honneur, éblouis de sa
toute puissance, se sont rabaissés au point de
s'enrôler sous ses bannières. Non content de
ce que les militaires ont été l'objet de tant
d'injustices et de persécutions, dont elle fut le
principal instrument, la police croit que sa
dignité ne lui permet pas de se mettre en opposition avec ce qu'elle a fait, elle a cru devoir
toujours continuer à agir de même; jalouse du
bon accueil que les officiers reçoivent dans la
société, et qu'ils regardent comme une bien
douce récompense de leurs anciens services,
elle n'y voit que la désapprobation générale de

---

(1) Jésus-Christ a dit à ses apôtres, qui étaient des pêcheurs : je vous ferai pêcheurs d'hommes.

sa conduite passée, présente et future; elle voudrait détruire cette harmonie qui l'inquiète, et ravir à ces militaires la bienveillance de leurs concitoyens, parce qu'elle les regarde toujours comme des hommes dangereux en raison de leur courage et de la résistance qu'ils peuvent opposer à ses vexations. Pour parvenir à ces fins, elle a imaginé le doux moyen de les rendre suspects aux yeux des honnêtes gens, en faisant planer sur eux des soupçons odieux.

Les démarches de ces limiers, qu'on appelle mouchards, font connaître tous les jours, avec une maladresse remarquable, que les malheureux officiers qu'on a réduits à une chétive demi-solde, sont encore assujétis à une surveillance spéciale; car, si trois personnes s'arrêtent pour causer ensemble sur une promenade publique, et qu'un militaire se trouve avec elles, à l'instant un de ces suppôts de la délation et quelquefois plusieurs arrivent à pas comptés; ils se placent à peu de distance du petit groupe en regardant, d'un air distrait, les astres ou le haut des arbres, l'oreille tendue pour recueillir quelques mots qu'ils entendent à demi, mais ils devinent le reste, et le rendent à leur manière, selon les indications qu'ils ont reçues; leur pitoyable tournure, la gaucherie de leurs démarches et de leur maintien, surtout dans

ceux qui n'ont pas les grâces d'état (1), les font
bientôt reconnaître pour ce qu'ils sont; on se
gêne peu pour leur faire entendre tout le mépris qu'on leur porte; un certain amour-propre, qui se fourre partout, se trouve blessé
des propos durs qu'on leur adresse indirecte-
ment; ils se fâchent et se vengent par des rapports. C'est ainsi qu'ils prouvent leur zèle et
leur activité, car il faut bien qu'ils disent quelque chose. La coïncidence de ces rapports se
calcule; les rencontres fortuites sont regardées
comme des habitudes; de là, de terribles conséquences sont déduites; on découvre, par de
tels moyens, des machinations, des complots,
que sais-je! des conspirations; on lance des
mandats d'amener sur des preuves aussi évi-
dentes, et voilà comme il arrive que les grands

----

(1) Tous les mouchards sont doués de la *grâce suffisante*,
(grâce d'état), mais cette *grâce suffisante* ne suffit point sans
la *grâce efficace*, que tous n'ont pas : elle vient d'en-haut.
Ils sont également tous revêtus du pouvoir de faire des rapports; peu d'entre eux cependant ont le *pouvoir prochain*,
et celui-ci a encore besoin d'être secondé par la *grâce efficace*, qui détermine invinciblement la volonté d'agir. Ce
pouvoir prochain, avec son accompagnement, n'est accordé
qu'aux infaillibles de la secte, les seuls qui possèdent la vertu
d'errer sans commettre d'erreur.

Les deux premières Provinciales de Blaise Pascal expli-
quent mieux que je ne pourrais le faire, le *pouvoir prochain*,
la *grâce suffisante*, et la *grâce efficace*.

hommes, placés à la tête de cette tourbe de fainéans, dans la crainte de ne pas mériter la réputation attachée à leurs sublimes fonctions, sont pourtant obligés d'avoir la niaiserie d'ajouter foi à ces rapports clandestins, ou ils doivent congédier leurs agens; mais la sûreté de l'État s'oppose à cette dernière mesure.

La tactique de la police ne se borne pas à celle qui se fait en plein vent ou à l'ardeur du soleil; elle en a pour toutes les heures et pour tous les lieux : les cafés, les tripots, les théâtres et les temples sont aussi ses champs d'exercice; mais la plus compliquée peut-être est celle des enquêtes à domicile que viennent y faire ses agens déhontés, en s'introduisant d'un air patelin dans les loges de portiers, en faisant la cour à quelques cuisinières ; un jour les mieux vêtus de la bande s'adresseront au maître de la maison, croyant l'avoir connu, ou du moins quelqu'un qui portait son nom ; d'autres, empruntant l'air d'une victime des circonstances, paraissent tendre une main novice pour recevoir un faible secours qu'autrefois ils n'avaient pas besoin de demander ; elle vous adresse encore des marchands d'occasion, qui viennent vous offrir des objets de contrebande à cinquante pour cent au-dessous de leur valeur réelle, ou vous proposent des échanges très-avantageux, en se plaignant de la mauvaise situation dans laquelle on a réduit le commerce. Enfin la police semble avoir la vertu de réaliser cet animal fabuleux qui change de forme et de couleur à volonté. On ne peut réellement pas trop admirer le génie inventif de son grand machiniste : c'est une belle direction que celle-là; on y apprend beaucoup de choses, et c'est une belle étude !

Un moraliste a dit que ceux qui faisaient des dupes, parce qu'ils pouvaient disposer des places ou distribuer de l'argent, étaient peu habiles; tout l'esprit de la police pour tromper ceux qui le veulent bien, consiste dans ces deux puissans moyens; mais elle doit savoir aussi que les malheureux qui acceptent ses faveurs se dégradent; ceux qui les sollicitent n'ont plus rien à perdre : le mal était fait d'avance. C'est pour faire elle-même son apologie, sans doute, qu'elle cherche à faire croire qu'elle a su attirer dans ses rangs des hommes qui jouissent d'une certaine réputation, afin de les mettre à son niveau, sans espérance de pouvoir s'élever au-dessus de sa sphère. La moindre association avec elle détruit la mémoire des plus beaux faits qu'un citoyen puisse citer; il traîne après lui la suspicion, et, s'il n'est pas né pervers, il se prépare des remords sans fin : en s'enrôlant dans la police, son existence se sépare de tout ce qui rattache à la société, elle y est insupportable, parce qu'elle y devient nuisible. Qui de nous n'a pas été témoin de l'effet que produit dans un salon l'entrée d'un individu soupçonné seulement d'avoir des relations avec la police? On affecte le silence, ou l'on change la conversation; la gaîté ne se montre plus que sous un morne aspect; chacun se dit à l'oreille: *prenez garde; ne dites rien;* et la personne qui devient l'objet d'un changement aussi subit, si elle est d'un prétendu rang élevé, a souvent la sottise de prendre pour égards ce qui n'est qu'un profond mépris. La fréquentation de ces êtres initiés aux mystères de la police répand un vernis d'espionnage sur les hommes les mieux famés; et ceux-ci ignorent souvent la cause qui fait qu'on s'éloigne d'eux, parce qu'ils ne savent peut-être pas eux-mêmes que les gens qui les ont abordés, selon leur coutume, aient pu avoir quelques accointances avec cette profane inquisition. Il suffit d'en fréquenter les salons pour inspirer de la méfiance.

Ces bruits, injurieux à quelques officiers de cette armée vieillie dans les combats, sont d'abord sortis d'une autre source, et c'est là où ils ont pris naissance, parce que la police y puise elle-même les règles de sa conduite.

Je veux parler de ces modernes Épiménides rentrés dans leurs villes, dans leurs villages, où ils ne se sont point aperçu, comme le Crétois, que tout y était changé de face, parce qu'il s'opéra en France un phénomène contraire à celui arrivé à Gnosse (1) : ils redevinrent jeunes en autant de jours qu'ils avaient dormi d'années (2), sans perdre la mémoire du passé ; ils prétendirent aux avantages du jeune âge et obtenir ceux qu'on acquiert par le temps. Loin de prendre pour modèle l'autre Épiménide, ceux-ci ne se contentèrent pas d'une branche de l'olivier sacré pour prix de leurs augures ; leur sommeil avait cessé sous de meilleurs auspices : ils n'ont pas voulu croire, avec Euripide, que l'auspice le plus sûr était la raison et le bon sens. Il leur fallut tout ce que ceux-là, qui étaient restés éveillés, avaient acquis par de longs et pénibles travaux d'esprit et de corps, tandis que les autres n'avaient eu que l'imagination agitée par des rêves de vingt-cinq ans. Les uns avaient acheté des terres et des châteaux, les hommes réveillés crurent qu'ils devaient avoir des châteaux et des terres ; les autres avaient couru les hasards d'une longue guerre, et s'étaient

____

(1) Gnosse, village de l'île de Crète, où était né Epiménide.

(2) Diogène-Laërce ajoute, qu'Epiménide, après avoir dormi 57 ans dans une caverne, devint vieux, depuis son réveil, en autant de jours qu'il avait dormi d'années.

distingués par leur courage ; ils avaient acquis des talens militaires, et obtenu des grades d'officier ; ils étaient devenus colonels, généraux, nos Épiménides n'avaient rien appris et ne s'étaient point mêlé de tout cela. Mais à peine avaient-ils eu le temps de rouvrir les yeux à la lumière, et ils furent *improvisés* généraux, colonels, par brevet d'invention, ils prirent les emplois qui leur convenaient, sans s'inquiéter de pouvoir convenir aux emplois.

Ceux qu'ils remplacèrent aussi *légitimement* voulurent parler de leurs droits acquis par l'expérience, par des blessures, par leur sang versé dans cent combats au service de la patrie ; on leur fit voir les parchemins qu'ils avaient retrouvés au réveil, et le droit de la naissance prévalut. Les titres de gentilshommes acquis par des ancêtres eurent la prééminence sur ceux des comtes et des barons de fraîche date, qui venaient de gagner eux-mêmes leurs titres par des faits d'armes : ce n'était que des roturiers ennoblis par un roturier comme eux. Plusieurs de ceux-ci, qui avaient aussi l'ambition d'être nobles, se sont fait *rebaptiser*, et ils n'ont fait que rajeunir leurs titres ; quelques-uns se sont courbés devant les vieux seigneurs, ils en ont été dédaignés ou méprisés *in petto*, après s'en être servi comme moyen.

3

Un grand nombre de ces soldats parvenus
ont eu l'impudence de faire voir du mécon-
tentement; ils ont crié à l'injustice; et, dans
leurs blasphêmes, ils ont montré peu de respect pour des noms historiques. On ne pouvait
pas se compromettre avec *ces gens-là*; il y
avait trop de disproportion de rang; d'ailleurs
ils étaient fort nombreux, et après avoir manié
si long-temps des armes qu'ils ont illustrées,
ils avaient malheureusement trop appris l'u-
sage qu'on pouvait en faire; et on employa
contre eux l'arme la plus meurtrière, *la ca-*
lomnie.

CHAPITRE III. (suite du précédent).

Ce qui a pu donner de la vraisemblance aux
bruits de la police et la déterminer à les
répandre.

ARISTOTE a dit: « Tout animal est composé de
» corps et d'âme : celle-ci commande, l'autre
» est essentiellement obéissant. Telle est la loi
» qui régit les êtres vivans lorsqu'ils ne sont pas
» viciés et que leur organisation est dans la na-
» ture... Je ne parle pas de ces êtres dégradés,
» chez lesquels le corps commande à l'âme :

ceux-là sont constitués contre le vœu de la nature. » (1)

Salluste, qui a emprunté à Aristote le fond de ces idées, ajoute (2) : « Si l'homme prétend » à la prééminence sur la brute, il doit faire » les plus grands efforts pour que sa vie ne dis- » paraisse point sans laisser de traces, comme » celle des stupides animaux que la nature a » courbés vers la terre, et qui n'obéissent qu'à » leurs sens... Par l'esprit (continue-t-il) nous » tenons des dieux, par le corps, de la bête. »

On découvre dans les pensées de ces deux écrivains de l'antiquité l'indication des principes de la vertu ou du vice qui dirigent la conduite des hommes; ce bon et ce mauvais génie que Platon admettait dans chaque mortel; l'Oromase et l'Arimane de Zoroastre.

Parmi les êtres raisonnables qui vivent en société, les uns sont guidés par l'esprit; doués d'une âme noble et généreuse, ils pensent que leur bonheur réel n'est qu'une portion du bonheur public; et c'est la nature, et non l'éducation, qui a placé dans leur cœur les germes de ces qualités sublimes. D'autres, guidés par l'égoïsme, par une sordide ambition, rappor-

______

(1) Politique d'Aristote, tome 1er, page 16, trad. de M. Champagne.

(2) Histoire de la conjuration de Catilina.

tent tout à leur bien-être ; et les misères d'autrui peuvent devenir leur ouvrage, s'ils ont l'espoir d'en tirer quelque profit sans courir de dangers. Jaloux d'un bonheur qui leur est étranger, parce qu'ils n'en ont pas mérité le partage, ou qu'ils n'ont pu l'usurper, si l'injustice et la persécution doivent leur procurer des avantages, ils en deviendront les instrumens, afin de mériter le suffrage et la faveur des grands dont ils sont les esclaves.

En n'examinant que l'espèce de ces êtres *constitués contre le vœu de la nature*, si l'on en tirait des conclusions générales pour tout le reste du genre-humain, ce serait mal raisonner, et prendre la plus mauvaise partie pour le tout. C'est pourtant par de semblables conséquences qu'on a tâché d'inspirer des préventions contre une masse d'hommes honorables, afin d'accréditer les bruits de police dont j'ai parlé dans le chapitre précédent.

En 1815, une certaine classe de militaires qu'une réputation équivoque n'avait pu maintenir dans les rangs de l'armée, mécontens, avec raison, d'avoir été repoussés avec honte, ou traités avec une juste mais trop inflexible sévérité, par un chef exigeant, pour des fautes occasionnées peut-être par des vues d'intérêt privé, soit encore par faiblesse d'âme et de sentimens, et qui n'étant pas des crimes capitaux devaient trouver un refuge dans la clémence; ces malheureux invoquèrent en vain le dieu mortel (1), il resta sourd à leur voix. Il fallut donc se résoudre à tout attendre du temps et des circonstances. Des événemens imprévus qui survinrent paraissaient vouloir favoriser leurs désirs; ils coururent offrir des services si long-temps dédaignés, et le premier bienfaiteur qui leur tendit une main secourable fut le digne objet de leurs affections; ils rendirent grâce au Destin qui venait effacer les traces de leur disgrâce : ils allèrent jusqu'à demander des récompenses pour d'indignes services qu'ils n'avaient pas rendus.

D'autres, sans avoir brillé dans les hauts grades de cette armée à proportion de leurs rangs, y avaient toujours figuré avec décence, mais offensés de quelques reproches, jaloux de certaines préférences, entraînés par ces ressentimens, et désirant en outre conserver leurs avantages; ceux-ci se sont réunis d'intention à ceux-là, bien différens néanmoins dans leurs projets. La commission épuratoire, composée de plusieurs d'entre ces derniers, a été fort

---

(1) Les Ethiopiens croient à un Dieu immortel, principe de toutes choses, et à un Dieu mortel qui n'a point de nom et qui est inconnu. Ils regardent comme dieux leurs bienfaiteurs, les rois et les grands.

modérée dans ses recherches , et s'est montrée
indulgente dans l'exécution ; ils n'oublièrent
pas qu'ils tenaient plus de cette armée qu'ils
n'avaient reçu de l'héritage de leurs ancêtres.

Les premiers étaient destinés à jouer un tout
autre rôle : ces militaires s'établirent les surveillans de ceux qui venaient de rentrer dans
des foyers dont on leur disputait la légitimité,
après avoir été dissous avec leurs corps, sous
la garantie de promesses trompeuses, par le
licenciement absolu de tous ces vétérans de la
gloire nationale (des généraux riches des exploits de cette armée venaient de la dissoudre).
Ces surveillans déhontés, qui s'étaient organi-
sés sous le titre pompeux *d'état-major,* se
composaient de quelques anciens militaires
sans gloire, dociles instrumens des volontés
d'un semblable chef, et de nouveaux officiers
promus tout-à-coup à des grades élevés, bro-
chant sur le tout par de grands noms qui légi-
timaient la surveillance qu'ils avaient sur les
autres. Les uns voulaient se venger sur tous
les braves du mépris qu'ils avaient si long-
temps supporté ; les autres, poussés par l'espoir d'un avancement rapide, ne regardant que
pour le temps passé tous les grades qu'ils
avaient reçus à la fois, ne voyaient que des
ennemis parmi ces officiers qui avaient gagné
lentement les leurs à travers mille dangers.

Cet assemblage, incohérent par sa nature, inhérent par la pensée, portant uniforme et épée, formait un petit ministère partagé en bureaux de différentes nuances qui venaient toutes se confondre sous la grande teinte du bureau de police militaire, où tous les échos accusateurs venaient chaque jour redire la calomnie. Dans cette chambre ardente, la délation était soumise à une discipline sévère; on la provoquait et on l'accueillait avec le plus vif empressement, chacun de ses sbires paraissait vouloir en remporter le prix. Cet aréopage persécuteur faisait à toute heure arrêter, emprisonner généraux, colonels, officiers de tous grades, sous-officiers et soldats entachés du crime d'avoir récemment combattu contre les ennemis de la France. L'inquisition de ce tribunal se reployait sur lui-même; ses juges iniques se surveillaient réciproquement avec une farouche défiance; la pitié, l'indulgence étaient proscrites parmi eux; ils exerçaient, avec un zèle infatigable, toutes les ignobles fonctions d'une police d'attaque et ombrageuse; celle-ci trouvait en eux des auxiliaires trop actifs; ils la fatiguaient par leurs notes secrètes, et le nombre des victimes de *l'état-major* encombrait tellement les prisons, que bientôt la police avait à craindre de ne plus trouver de place pour les siens (1). La surveillance des cachots était confiée à des comtes et à des vicomtes de race antique, dont le devoir était d'exiger la plus grande sévérité de la part des geôliers, tout en demandant aux prisonniers s'ils étaient bien traités, s'ils n'avaient pas à se plaindre de leurs gardiens, dont il fallait bien se garder de louer la bienveillance, si on ne voulait pas provoquer leur destitution.

Le même système d'oppression s'étendit par toute la France; chaque département eut son état-major de même espèce; les maires des plus petits villages en remplissaient les fonctions d'adjoints; ils en partagèrent l'autorité; aucun officier à demi-solde, fût-il colonel, ne pouvait pas se permettre d'aller dans un autre

---

(1) Bon nombre de ces hommes d'épée n'ont jamais cessé leurs fonctions de 1815; sous d'autres formes et sous d'autres chefs ils existent encore dans les emplois de 1820, avec plus de modération dans leur conduite; il y a peu de jours, néanmoins, lorsque la police faisait tendre tous ses filets, l'état-major n'a point demeuré inactif : il jetait aussi son épervier; l'ex-écuyer a été obligé de venir au secours de l'ex-secrétaire; mais il ne faut en accuser que la fatalité des circonstances et des situations produites par des événemens extraordinaires.

« La nécessité empoisonne les maux qu'elle ne peut guérir; » elle comble les maux qu'elle ne peut soulager. »

VAUVENARGUES.

village voisin de sa chaumière, sans une permission de M. le maire, sous peine d'être dénoncé et ensuite privé de son modique traitement. Le curé du village avait aussi sa portion d'autorité, il regardait comme suspects les militaires impies qui n'allaient point à la messe ou n'assistaient pas au prône!... Oui, Hottentots, Lapons, Chinois, Sauvages de la mer du Sud, j'ai tracé une faible image de ce qui s'est fait dans cette belle France, et au 19ᵉ siècle, contre ces guerriers malheureux dont vous aviez peut-être entendu vanter les exploits. Les soldats d'Albion, ceux de l'Oder, du Danube, les kalmoucks et les kosaques, qui avaient tous été vaincus par eux, pourront vous le redire, ils en ont été témoins et cela s'est passé sous leur protection.

Ces surveillans armés, gradés et décorés, dont plusieurs avaient servi sous la république, sous le directoire, sous le consulat et sous l'empire, ont pu faire croire par la lâcheté de leur conduite, par la férocité de leur caractère, que des officiers de l'ancienne armée étaient capables de s'associer à la police; mais une telle pensée n'a pu entrer que dans la tête de leurs commettans, ou de ces esprits superficiels et mal faits qui n'examinent jamais la nature des choses, et portent des jugemens sur une simple apparence d'effets; les personnes sages qui ont bien voulu observer que toutes les coupables menées de ces agens de la persécution, étaient dirigées contre des militaires qui avaient conservé le sentiment de leurs actions et de leur devoir avec la dignité de leur état, ont dû s'apercevoir bien vite que ces bruits injurieux étaient l'œuvre de la malveillance et d'une basse jalousie.

Lorsqu'on a vu en outre des chefs de l'armée, dont une partie venait de combattre avec elle et l'autre ayant sollicité de l'emploi dans les cent jours, être chargés de la terrible commission de venir licencier des compagnons de gloire qu'ils auraient pu rencontrer dans cent batailles.... Que certains de ces généraux aient acquis depuis cette époque de fatale mémoire la légitimité des emplois, qu'ils regardent comme une usurpation de leurs droits d'être remplacés par d'autres dans les commande-mens, dans les inspections.... La France et l'Europe ont dû admirer la courageuse rési-gnation de tant de braves déposant des armes ennoblies dans leurs mains, s'embrassant avec fierté en laissant échapper des soupirs pour la patrie, et chacun se diriger paisiblement vers le coin de terre qui l'a vu naître. L'histoire n'offre point un pareil exemple; ils obéirent et ils furent persécutés.

La police, qui cherche à tirer parti de tout,

a établi de faux calculs sur ces circonstances désastreuses ; elle a regardé les militaires comme des hommes qu'on pouvait armer les uns contre les autres; elle a essayé de les mettre en présence et de les diviser par l'opinion, mais bien peu ont été trompés ou se sont laissé corrompre; le temps de la ligue est passé, les Français ne se battront plus que pour la patrie.

La police a pris une trop haute idée de son élévation, en voyant des officiers de 1815 rivaliser avec elle dans les fonctions de l'espionnage; voir même des hommes de haut parage, la noblesse, la surpasser en délation ! la police n'était considérée par ces derniers que comme un chemin qui conduisait au bon vieux temps des juridictions seigneuriales.

***

CHAPITRE IV.

Est-il croyable que des officiers qui ont fait la guerre, se soient laissé corrompre par la police?

C'est en vain que, dans le siècle où nous sommes, des convulsionnaires en mission fassent tous leurs efforts pour nous faire rétrograder vers les temps de l'ignorance et de la barbarie, dans le but de nous préparer à supporter patiemment le poids de la servitude; le règne de la superstition est passé; les préjugés de la sottise se dissipent tous les jours. Chacun sait que le pouvoir sur la terre ne se compose que de la portion de liberté à laquelle les peuples ont consenti à renoncer dans l'intérêt général, et sous la condition expresse d'être protégés par les lois fondamentales et politiques de la société; afin d'obtenir devant ces mêmes lois, une égalité commune à tous.

« Quiconque tient le sceptre et l'encensoir, » a les deux mains fort occupées, *a dit Voltaire*. On peut le regarder comme un homme » fort habile, s'il commande à des peuples qui » ont le sens commun; mais s'il n'a affaire qu'à » des imbécilles, à des espèces de sauvages, on » peut le comparer au cocher de *Bernier*, que » son maître rencontra un jour dans un marché » du carrefour de *Delhi*, haranguant la popu- » lace, et lui vendant de l'orviétan. Quoi! » *la Pierre*, lui dit *Bernier*, tu es devenu » médecin? Oui, Monsieur, lui répondit le » cocher; tel peuple, tel charlatan. »

Si la police pouvait se contenter de l'existence modeste et paisible qui conviendrait au but de son institution; si elle était dépouillée de son charlatanisme, de ce faste orgueilleux dont elle s'est entourée, et que chacun de ses employés reçût des instructions analogues au bien des institutions sociales , avec une rétribution fixe, sans pouvoir aspirer à une prime de détraction, elle trouverait naturellement sa place entre toutes les classes de la société; elle protégerait le pauvre contre l'or corrupteur du riche; elle aiderait la faiblesse à résister à la force oppressive; elle réprimerait l'égoïsme systématique d'une fausse dévotion, qui en impose à la crédulité; mais comme la police s'est transformée en puissance (1), et

---

(1) En lisant le *Constitutionnel* du 7 juillet dernier, j'admirais cette puissance de la police qui force, en payant à la vérité, les journaux à justifier la main qui les opprime; et il m'a paru que la censure, qui a besoin de la protection de la police, se croit pourtant d'un acabit supérieur, quoiqu'elle n'en soit que l'instrument; celle-ci ne s'intitule pas police royale; celle-là prend hardiment le titre pompeux de *Commission royale de censure*, quoique dans le même journal l'autorité l'appelle modestement *Commission de censure ;* c'est donc par un faux orgueil que cette dernière prend un titre auguste, dans le vain espoir d'ennoblir ses fonctions. J'ai même trouvé que la Commission de censure traitait fort cavalièrement les nobles pairs du royaume, en leur prouvant, elle-même, par la voie des journaux, qu'ils avaient eu tort de se plaindre de sa conduite : il me semble que la décence exigeait qu'une personne plus relevée que des censeurs se fût chargée de donner directement ces explications dans la Chambre haute, en permettant aux feuilles publiques de les répéter.

qu'elle est devenue le moyen d'obtenir honneurs, dignités et fortune, elle s'est interpo-
sée entre le sceptre et l'encensoir pour emprunter de l'un la force de l'autorité, et de
l'autre celle de la superstition, qu'elle invoque
avec une insigne hypocrisie; elle commande
aux uns sous l'égide du pouvoir; elle cherche à
en imposer aux autres par des cafarderies (1),
quoiqu'elle ne fréquente pas plus l'église que
la synagogue, le temple que la mosquée, si ce
n'est pour y aller orner quelques victimes de
ses bandelettes.

Dans ce dix-neuvième siècle, nous sommes
parvenus à un tel point de scepticisme, que
nous ne voulons plus avoir d'opinion sans jugement, ni soumettre notre raison au point
de croire sans examen les merveilles qu'on
nous débite; nous respectons, sans la combattre, cette croyance aux mystères qu'on ne
doit voir qu'avec les yeux de la foi : il faut les
révérer, sans prétendre les expliquer, pour ne
pas tomber dans les précipices de l'absurde.

J'ai exposé dans les chapitres précédens les
faits tels qu'ils existent; j'ai remonté, sinon

---

(1) On se rappelle que la police a fait destituer ses com-
missaires de Brest, des sous-préfets et maires d'autres dépar-
temens, pour n'avoir pas eu la force de protéger assez bien
les missionnaires.

aux causes premières, du moins aux causes occasionnelles, afin de donner une situation qui a dû servir de règle de conduite dans la détermination supposée à certains hommes, que je suppose à mon tour assez raisonnables pour agir d'après leur position, première règle de cette sagesse qui enseigne à chacun la conduite à tenir pour conserver la considération qu'il a pu mériter.

Il me reste donc à examiner si l'on peut croire que des hommes qui ont obtenu des grades militaires sous le drapeau national, aient pu s'enrôler sous les bannières de la police; après avoir montré du courage, de la noblesse dans les sentimens, de cette vraie noblesse de l'âme, qui est la préférence de l'honneur à l'intérêt (ce qui ne consiste pas seulement dans des parchemins) (1), auraient-

---

(1) « Les grands noms abaissent, dit Larochefoucauld, au » lieu d'élever, ceux qui ne savent pas les soutenir. » Il est vrai que la noblesse ne se donne pas pour de l'argent, elle ne dépend pas d'une particule ajoutée devant un nom, ni de faire suivre celui-ci d'un second, pris par caprice, parce que l'on possède un champ ou une maison; ceux qui emploient ces petits moyens et même qui changent leur nom pour en prendre un plus sonore, ne sont que des héros de théâtre qui se parent d'un noble ridicule. Supposons que Nicolas soit nommé comte, il peut signer le *c. mte Nicolas*, au lieu de, le *comte de Nicolas*, ou Nicolas, comte de..... s'il n'a pas de comté.

Ils assez changé d'opinion pour préférer l'intérêt à l'honneur, ce qui caractérise la bassesse? ces officiers, dis-je, peuvent-ils s'être dépréciés au point de s'associer à des êtres sans considération, sans délicatesse, pour embrasser le plus vil des métiers et partager l'ignominie de ceux *à qui les choses les plus honteuses ne coûtent rien à dire ou à faire; qui font des sermens en justice autant qu'on leur en demande; qui sont perdus de réputation et font d'ailleurs tous les métiers; tantôt tenant une taverne, tantôt suppôts de quelque lieu infâme, une autre fois partisans?* (1) Est-il présumable que des hommes qui ont eu assez de cœur, au milieu de toute espèce de privation, pour oser si souvent braver la mort dans les combats, en attaquant un avant-poste ennemi, en contribuant à lui enlever une redoute à la baïonnette, puissent accepter un indigne salaire, et se réduire à l'abjecte condition d'épier les démarches d'un citoyen, d'aller redire ce qu'il a entendu dans un salon, pour satisfaire les caprices ou préparer la vengeance d'un courtisan; d'aller assiéger ou faire enfoncer la porte qui s'est autrefois ouverte pour le recevoir; d'essayer de surprendre l'habitant au

---

(1) Caractères de La Bruyère, chap. VI.

milieu des siens, ou de l'enlever de son lit, parce qu'il aura excité les injustes soupçons d'un pacha, ombrageux par lâcheté, ou par les remords d'une conscience qui peut encore lui reprocher sa mauvaise conduite ? Considérons en outre que des militaires qui se seraient enrôlés parmi ces bandes de mouchards, devraient nécessairement être inscrits sur leurs contrôles, être connus d'un grand nombre de ces camarades de nouvelle espèce, afin d'éviter des équivoques qui feraient perdre des momens précieux, et de pouvoir se concerter avec eux, chose d'une haute importance dans le grands mouvemens de police, si l'on veut mettre de l'ensemble dans les opérations et obtenir un bon résultat des fortes combinaisons d'un chef habile. Peut-on croire en outre que les vétérans de la police, voire même les chefs de ces corps privilégiés, ne chercheront pas par de perfides confidences, à faire connaître dans le public les noms de leurs nouveaux compagnons d'armes, ne serait-ce que dans l'espoir d'ennoblir, s'il était possible, les couleurs de leur pavillon, ou de faire supporter par d'autres une portion du mépris qui les pourchasse.

Voilà des militaires qui se seraient préparé le plus funeste avenir sans espérer aucun remède ; ils pouvaient se glorifier de quelques souvenirs, ils seraient devenus tout-à-coup des réprouvés sur la terre avant de l'être par le ciel, qui n'a pas voulu que l'homme fût le persécuteur de ses semblables. Il y a des crimes qui s'effacent par le retour à la vertu ; mais avoir été dans la police du jour est une tache indélébile; et, de quelques couches qu'on la recouvre, elle reparaît jusqu'à l'extrême vieillesse ; le repentir de cette faute ne peut pas la faire oublier. Les malheureux qui auraient pu la commettre ne pourraient plus se présenter dans aucune société sans inspirer de la défiance, obligés qu'ils seraient de s'éloigner des promenades publiques, parce qu'ils sont plus connus que ces mouchards obscurs dont l'origine ainsi que celle de leur famille se laissent ignorer dans le monde, ce qui vaut mieux pour eux et pour la chose qu'ils servent; ils ont par cela même l'inappréciable avantage de pouvoir habiter les carrefours de la capitale sous des noms supposés. Des hommes qui ont vécu dans les camps sont connus de trop d'individus; et, à moins d'avoir abjuré toute espèce de honte, ils ne peuvent pas aussi facilement que les gens nés pour la police se transformer aux yeux du public, dans la crainte de faire soupçonner leur déshonneur, et, par la même raison, ils ne seraient pas d'une grande utilité à cette

police d'attaque qu'on exerce aujourd'hui ;
celle-ci ne pourrait s'en servir qu'en seconde
ligne, dans un moment où elle est sans cesse
obligée de faire donner toutes ses réserves, et
elle n'a bien certainement pas l'habitude de
payer largement des hommes assez inutiles
pour ne faire que des rapports oiseux : elle
serait obligée, au moins pour sa propre satisfaction, de faire vérifier ces rapports par des
hommes placés plus avantageusement pour
n'avoir aucun motif de crainte de se compromettre ; il est vrai de dire que la police ne se
pique pas d'une grande exactitude dans sa
conviction : elle n'est nullement responsable
de ses erreurs, mais elle ne pourrait cependant jamais employer ces hommes naguères
estimables, et qu'elle aurait eu la vertu de
dégrader, qu'en qualité de limiers, pour détourner (1), avant d'aller frapper aux brisées
avec sa meute, avant de la lâcher sur les voies ;
encore pourrait-elle tourner au change ; il lui
faut des chiens de tête et d'entreprise qui
trouvent toujours, sur la terre et aux portées,
le sentiment du passage.

---

(1) Détourner, en termes de venerie, c'est découvrir où
l'animal qu'on veut courir est à sa reposée, et en marquer
l'enceinte par de petites branches d'arbres qu'on jette dans
les chemins qui l'entourent ; ce qu'on appelle *brisées*.

D'ailleurs, pour bien exercer un emploi de mouchard et y mériter de la confiance, il faut être pourvu de longue main de notes secrètes sur un grand nombre d'individus; connaître les accointances comme un cocher de fiacre connaît les rues de Paris; pour cela, il faut de la vocation et de l'habitude; un long séjour dans la capitale peut seul procurer de semblables avantages. On m'a assuré que ces importantes fonctions étaient remplies par des gens qui roulaient équipage aux frais du budjet de la police, et que celle-ci avait aussi ses Sempronia et ses Fulvie; son organisation occulte tend à faire ignorer les noms surtout de ces agens de première classe.

Après avoir été soumis à une discipline honorable basée sur le respect, sur l'estime que chacun cherchait à imprimer à ses inférieurs par les principes de la justice, par l'exemple d'une valeur sans tache; après avoir obéi ou avoir commandé à des braves, des officiers qui auraient eu assez de mépris d'eux-mêmes pour se jeter dans les hordes de cette police malveillante, seraient donc devenus des instrumens aveugles de la perfidie, les subordonnés d'hommes dépravés ou sans aveu, dont l'esprit de corps se forme dans l'étude du mensonge, dans la violation des droits et des personnes? Ils auraient pu consentir à se met-

tre sous la surveillance humiliante de ces êtres
immoraux dont la réputation se compose de
scandale, par tout le mal qu'ils ont fait aux
hommes, en portant le trouble et la désola-
tion dans les familles, en semant la dissension
parmi les amis, ou trahissant la confiance de
ceux qui les reçoivent dans leurs maisons?
Ils auraient dû, ces militaires, changer ce caractère franc et loyal contracté dans les camps,
sous peine d'être regardés et dénoncés comme
des sujets inhabiles par ces hommes faux et
rusés devenus leurs chefs ou leurs compagnons; ils se seraient en outre condamnés à
la dure nécessité de vivre avec ces agens subalternes et corrompus, de ne voir comme
eux que la lie du genre-humain, afin de ne
pas devenir suspects pour indignité, ni courir
le risque d'être expulsés honteusement de ce
cloaque, couverts de telles souillures, qu'ils
ne pourraient plus inspirer ni intérêt, ni confiance, ni pitié; devenir enfin le rebut de la
société après en avoir été le délateur. Ni les
faits d'armes, ni le sang versé pour la patrie ne
seraient plus comptés pour rien; ces guerriers,
enfans dénaturés que désavoueraient l'armée
et la France, se seraient tellement avilis qu'ils
devraient désormais cacher les cicatrices de
leurs blessures : elles ne pourraient plus ser-

vir qu'à constater leur honte et à augmenter leur déshonneur.

Mon but n'est certainement pas de chercher à prouver que les militaires aient plus de respect pour eux-mêmes, plus de dignité dans la règle de leur conduite que les autres classes de citoyens; on trouve partout des hommes qu'on peut acheter, et je vais rechercher parmi les premiers le petit nombre qui serait peut-être capable de céder à cette extrême corruption. J'y procéderai par un calcul métaphysique appliqué par le raisonnement aux actions des hommes, et dont je puiserai l'idée dans les réflexions morales de la Rochefoucauld.

La parfaite valeur et la poltronnerie complète peuvent être considérées comme les deux extrémités d'une échelle de proportion divisée en un grand nombre de parties égales : j'assignerai l'extrême gauche à la parfaite valeur; la poltronnerie complète sera au dernier degré de l'extrémité droite, et certes avec l'habitude de la guerre et la connaissance des hommes, on pourrait parvenir à désigner la place intermédiaire que chacun devrait occuper sur cette longue échelle; car on sent bien qu'il doit y avoir une très-grande distance d'une extrémité à l'autre. Il ne serait donc pas difficile de calculer mathématiquement, par des termes moyens de comparaison, la valeur, le courage, la bravoure, ou la poltronnerie et la lâcheté des hommes de guerre, dans le cours d'une campagne qui les mettrait souvent à l'épreuve, en établissant entre eux des rapports de capacité morale, par le moyen d'une progression géométrique croissante.

La valeur est un présent des dieux placé dans le cœur de l'homme par les mains de la nature, cet enchaînement des causes et des effets qui nous porte vers la fin à laquelle nous sommes destinés. Le cœur puise dans l'âme le courage qui tient plus de la raison, et il porte dans le sang la bravoure qui vient d'un tempérament uniforme, où toutes les qualités des quatre élémens qui le composent sont mêlées dans un degré égal et bien proportionné (1).

La valeur, qui aime autant la gloire qu'elle déteste le carnage, ne demandant que de l'honneur et non du sang, vole partout où il y a un péril à affronter et de la gloire à acquérir; son vaincu lui devient cher, surtout s'il a été difficile à vaincre; elle possède une belle portion

---

(1) Selon les péripatéticiens, le tempérament est composé du mélange du froid, du chaud, du sec, et de l'humide; on dit, en conséquence, d'après la quantité qui domine : un tempérament froid, chaud, sec ou humide.

de ce courage qui sait commander et même obéir*: être supérieur aux dangers, vaincre et détruire les obstacles, ou être vaincu sans être défait ni ébranlé par le malheur, elle sait également combattre avec cette bravoure qui se laisse guider. La valeur porte avec elle la grandeur, la force d'âme et la sensibilité; elle ennoblit toutes les idées, tous les penchans, et étend ses bienfaits sur le moral et sur le physique de ses héros; elle leur donne une démarche imposante et facile, une sécurité qui peint l'assurance intérieure. Ceux qui la possèdent ne sont point accessibles à la haine, parce qu'ils savent venger un outrage; ils n'ont pas cette susceptibilité pointilleuse des spadassins qui calculent sur leur adresse; ils méprisent un triomphe indigne ou trop facile; ils ne connaissent point de basses jalousies, une noble rivalité enflamme leur orgueil, et ils estiment ceux qui peuvent les égaler et même les surpasser dans la carrière de la gloire; ils connaissent la place qu'ils doivent occuper parmi leurs dignes compagnons d'armes.

L'homme de guerre qui songe à s'enrichir ne possédera jamais une entière valeur. Comment payer avec de l'or ce que l'honneur seul peut et doit acquitter, a dit un écrivain militaire? La vraie valeur se croit récompensée par l'éloge et la célébrité. Une feuille de laurier qui lui serait offerte par les dignes témoins de ses exploits serait sa plus douce récompense.

Celui qui a essayé de peindre la valeur avec les couleurs vraies et naïves qui conviennent à sa physionomie, doit emprunter d'autres pinceaux pour rendre les traits hideux de la poltronnerie, qui, malgré quelques nuances, est considérée comme le synonyme de la lâcheté.

Le soldat accablé de cette faiblesse d'âme qu'on nomme *poltronnerie* n'ose s'avancer vers le danger; toujours agité par la crainte de perdre des jours qu'il traîne avec une honteuse indolence, on ne peut en attendre aucun secours. S'il est surpris par le danger, la honte l'empêche de fuir, l'amour-propre le retient tremblant; la décomposition de ses traits, l'extinction de sa voix, l'immobilité de sa physionomie, de tout son corps, sont des signes certains qui décèlent son inquiétude et sa peur. « Il n'y a guère de poltrons qui connaissent » toujours toute leur peur », a dit La Rochefoucauld.

Un homme est malheureux, il est à plaindre, sans être moins méprisable, lorsqu'il est affligé de ce vice de tempérament qu'on appelle *lâcheté*, surtout si l'ambition, la maladresse ou la fatalité l'ont poussé dans le tourbillon des combats. Le lâche ne se défend pas, il ne saurait résister à une attaque; au moindre choc il

fuit emporté par la frayeur, la terreur le pourchasse et l'effroi le poursuit.

La gloire de mourir avec fermeté, le désir
de laisser une belle réputation, sont des sentimens qui ne peuvent pas entrer dans l'âme
d'un lâche, ni dans celle d'un poltron : leur
cœur s'oppose à ce que la raison puisse leur
conseiller de faire ce qu'ils devraient : leur sang
est trop agité par l'image de la mort sans cesse
présente à leurs yeux.

La guerre les a condamnés long-temps à un
supplice continuel.

La paix, dont l'existence a surpassé son premier lustre, cette fille d'une sainte alliance, de
l'union et de l'oubli, a déjà mis un terme éloi-
gné à leurs angoisses ; elle leur a apporté le
repos et l'abondance, avec les avantages d'un
avancement régulier et certain ; elle leur assure
d'ailleurs la protection et la faveur, qu'ils sau-
ront bien obtenir par des complimens et par
les services qu'ils rendront à l'autorité.

Tels on voit, dans la région éthérée, ces
feux subtils précurseurs de détonations écla-
tantes, qui nous font connaître que le ciel a
plus de tonnerres pour épouvanter les âmes
faibles, qu'il n'a de foudres pour détruire. De
même l'air martial, l'œil étincelant de ces pai-
sibles guerriers, dont le bruit des armes, ré-
sonnant de toutes parts, semble annoncer le

succès d'une sanglante victoire ; ce n'est que l'appareil menaçant des Myrmidons se disputant entre eux le partage de la toison d'or, que leurs faibles bras n'ont point enlevée.

Mais, pour bien apprécier les hommes et se rendre compte de leurs actions, il faut toujours remonter à cet enchaînement des causes et des effets qui les porte vers la fin à laquelle ils sont destinés.

Le tempérament du lâche et du poltron est ce qu'on appelle plus ou moins difforme ; c'est-à-dire qu'au lieu d'être composé comme celui des braves, où les qualités des quatre élémens sont mêlées dans un degré égal et proportionnel, le Créateur a ajouté, à l'air et au feu du tempérament de ceux-là, une plus grande quantité de terre et d'eau ; de sorte que la bravoure, la valeur, le courage, se trouvent tellement embourbés dans le mélange de ces deux derniers élémens, qu'ils ne peuvent jamais en sortir.

La lâcheté ne laisse à l'homme qui en est possédé ni la perspective, ni l'estime de la gloire ; son cœur n'a point d'oreilles ; la patrie, la liberté, sont pour lui des mots vides de sens. La mort et la douleur, voilà ce qui peut l'émouvoir, comme l'or peut le satisfaire, n'importe de quelque source impure qu'il lui parvienne.

Malgré leur prudence et leur précaution pour mettre leur vie en sûreté, il peut cependant arriver, à la guerre, que le poltron, et même le lâche, se trouvent surpris, et qu'à la vue d'un danger inévitable et imminent ils fassent l'un et l'autre éclater cette intrépidité aveugle et momentanée que produit le désespoir, et non la valeur; ils ressemblent alors à ces corps infirmes à qui le transport de la fièvre donne seul de la vivacité, et qui n'ont jamais de force sans convulsions. Ils ne s'en regarderont pas moins comme des héros; ils fatigueront les passans du récit de leurs hauts faits; ils les écriront partout; ils crieront même à l'injustice, s'ils n'en reçoivent pas une récompense.

Ne croyez pas que, prenant pour exemple le caractère de la valeur, un vaincu leur devienne cher; il sera, au contraire, la victime de leur fureur. Ces hommes sont ordinairement cruels; ils s'imaginent que c'est par le courage qu'on peut donner des preuves de bravoure, et l'ennemi désarmé sera par eux immolé sans pitié, s'ils ne sont retenus par la présence imposante des hommes valeureux.

Le cœur de ces êtres-là est en outre dévoré par l'envie, plus irréconciliable que la haine, qu'ils portent aux braves, parce qu'ils en sont traités avec dédain; ils semblent vouloir se venger du courage qu'ils n'ont pas, en persécutant ceux qui ont le malheur de se trouver sous leurs ordres ; la fermeté nécessaire pour commander se transforme, dans l'âme des lâches et des poltrons, en inhumanité ; leur fourberie ajoute la malice au mensonge dans les rapports qu'ils font à leurs chefs, et ils ont l'art d'amuser ceux-ci par une basse et hypocrite adulation, dans l'espoir d'en obtenir des faveurs, ne pouvant jamais mériter de récompenses. Leurs actions militaires étant insuffisantes pour leur procurer de l'avancement, ils y suppléent par d'autres services moins périlleux, et ils obtiennent grade et argent, tout leur convient ; leur ambition, qui n'est que vice, égarement et bassesse, leur fait dévorer plus d'affronts que leur lâcheté, mais ils ont appris à s'y résigner.

Des hommes de ce genre ont bien été capables d'emprunter, ou plutôt de voler, les actions d'autrui pour se composer une fausse réputation et se faire citer largement dans les Biographies, qui ne sont jusqu'à présent ; et par rapport à eux, que des recueils de mensonges et de fanfaronnades : j'en appelle au témoignage de cent mille officiers, sous-officiers et soldats qui ont été à même de voir ce qui s'est passé (1). Certains militaires, en petit

---

(1) Dans le cours de ses expéditions, Alexandre nomma

nombre à la vérité, dont les hauts-faits d'armes y sont pompeusement racontés, ont été traités de lâches en présence de leurs camarades, quelquefois devant des régimens entiers, ou mis comme tels à l'ordre de l'armée, et les signes de frayeur que quelques-uns faisaient éclater au moment d'une attaque, étaient passés en proverbe parmi les soldats.

On conclura facilement d'après le portrait que je viens de tracer des lâches et des poltrons, dont les premiers représentent la poltronnerie complète, que si la police peut s'associer des militaires, c'est vers l'extrême droite de l'échelle de proportion, en commençant par le dernier degré, que sa force d'attraction agira sur les corps graves qui l'occupent, pro-

---

des juges pour assigner le prix de la valeur à quelques-uns de ses soldats; toute son armée assistait à ce concours, où furent nommés huit chiliarques (commandans de 1000 hom.). Des faits d'armes vérifiés aussi solennellement pouvaient bien figurer dans les biographies. Je ne veux pas inférer de là, qu'on doive aujourd'hui rassembler une armée pour la consulter entièrement avant d'écrire les actions d'éclat de ses guerriers; mais je puis cependant affirmer qu'on ne composera jamais de bonnes biographies militaires en consultant isolément quelques individus; et des écrivains, aussi bien intentionnés qu'ils puissent l'être, qui n'auront pas la faculté de prendre l'avis d'un assez grand nombre d'anciens militaires de tout grade réunis, ne feront, dans leur style élégant et par leurs expressions sonores, qu'orner, des fleurs de la rhétorique, quelques brillans mensonges.

portionnellement à leur étendue et à leur so-
lidité ; et comme le caractère de ces êtres, sous
le rapport animal, ne peut changer, puisqu'il
est formé de leurs idées et de leurs sentimens
qu'ils ne se sont point donnés, il est donc très-
vraisemblable que la même force d'attraction
réside dans chaque partie, par rapport au tout
qui les attire, comme elle résidait déjà dans
chaque partie de ce tout, par rapport à la con-
tinuité, depuis le dernier sectaire de la police
jusqu'au directeur suprême de cette fabrique
inquisitoriale. C'est, je le répète, vers le côté
droit de cette échelle que la police pourrait
remonter de ces atômes crochus qui s'attache-
ront et s'identifieront aisément à sa cohé-
rence (1).

On pourrait faire les mêmes raisonnemens
et établir les mêmes calculs, relativement à
toutes les classes de la société, par une semblable échelle de proportion, divisée comme
la première, en plaçant *la parfaite estime* à
l'extrême gauche, et à celle de droite, *le profond mépris.*

---

(1) Je sais que Newton s'est moqué des atômes crochus,
mais l'ombre de ce grand philosophe me pardonnera l'emploi
figuré que j'en fais pour expliquer la cohésion de la police
qui, de son temps, n'existait pas telle qu'elle est aujourd'hui.

BIBLIOTHÈQUE

FIN.